PROJET
D'ASSEMBLÉES
DE QUARTIERS,
Pour la Ville de Paris.

AUX PARISIENS.

MESSIEURS,

QUELQUE soit la forme sous laquelle on vous convoquera, vous allez être assemblés pour choisir les Electeurs de vos Représentans aux Etats-Généraux. Ce moment est favorable pour améliorer le sort de la Capitale, & faire partager à tous ses habitans l'exercice des fonctions municipales auxquelles leur titre leur donne des droits. J'ai cherché à préfenter ici quelques idées qui puffent diriger vos fuffrages vers ce but ; & je ne penfe pas que réunis pour vos propres intérêts, vous vous fépariez avant d'avoir pris un arrêté, fur un de ceux qui vous touchent davantage. Au refte mes fentimens font les vôtres, & je ne fuis ici qu'un copifte qui écrit fous la dictée du Public.

PEUCHET.

PROJET
D'ASSEMBLÉES
DE QUARTIERS,
Pour la Ville de Paris.

Lorsqu'un habitant du plus petit village, de la plus petite paroisse, jouit de l'exercice des droits municipaux, & partage avec les autres Membres de la Communauté, le pouvoir administratif confié à leur garde, qu'il peut veiller à l'intérêt de ses compatriotes, conseiller des secours pour les pauvres, les protéger, les aider, suivre d'une maniere efficace les moyens de perfectionner, d'embellir, de policer son pays & le lieu de sa résidence, lorsqu'il possede tant de titres au respect & à la confiance de ses cohabitans, l'on doit être étoné, sans doute, que les Citoyens d'une ville aussi grande, aussi peuplée, aussi compliquée dans ses besoins & ses ressources que Paris, ne jouissent d'aucune de ces prérogatives, cheres à tous les bons Patriotes, qu'ils soient réduits à une humiliante inaction, une nullité civile, une incapacité absolue de contribuer au bien public, si ce n'est peut-être d'une maniere précaire & subordonnée à la volonté d'hommes qui n'ont souvent ni les lumières, ni la volonté qu'il exige.

Il étoit sans doute utile, dans les nombreux établissemens qui se sont succédés depuis deux ans, de commencer par les campagnes à lier le Citoyen à la patrie, en lui faisant partager les honneurs & les travaux de l'administration ; il étoit naturel de s'occuper d'abord du villageois, du paisible habitant des bourgades agricoles ; un ministere sensé devoit juger qu'appeller le peuple des campagnes au partage des fonctions de la municipalité, du gouvernement des paroisses, du soin des pauvres & de la répartition des impôts, c'étoit tout-à-la-fois alléger le fardeau des devoirs des Administrateurs, & donner à l'agriculture des encouragemens & un relief qui lui manquoient. Ces vues sages & bienfaisantes ont été remplies par l'institution des assemblées paroissiales & des petites administrations érigées dans les communautés de campagne. Leur forme est populaire ; & quoique ceux qui y sont appellés n'en connoissent point encore tout le mérite, leur utilité se rendra de jour en jour plus sensible, sur tout si les Assemblées provinciales, changées en Etats, offroient à toutes celles qui leur font fubordonnées, un pouvoir & des droits politiques qui en relèveroient l'importance & la dignité.

Paris feul, au milieu de ces innovations précieufes, paroît dans la ftupeur & l'infouciance. Ses nombreux habitans, éclairés, humains, fociables, fidèles & paifibles, reftent ifolés, féparés, fans point de réunion, fans moyen de fe communiquer avec la fécurité & la liberté que doit donner le caractère refpectable de Citoyen.

Quel motif a donc pu retenir le Gouvernement ? pourquoi la population, les impofitions, la force d'un village, moins confidérables fans doute que celles d'un fimple quartier de Paris, ont-elles motivé un ordre de chofes que l'on refufe à celui-ci ? comment laiffer ftériles & flétris par une nullité politique, des Citoyens qui, par cent raisons différents, ont tant de droits à partager les honneurs des fonctions municipales?

Auroit-on été effrayé par la difficulté du travail ? par la crainte de blesser d'anciennes prétentions ? ou bien croiroit-on que cette même loi du bien public, qui a obligé à tant de changemens nécessaires, ne fût d'aucune considération dans cette circonstance, & qu'elle dût céder à un régime que rien n'oblige à conserver ?

Mais le travail n'est point ici considérable ; & les prétentions que l'on suppose, loin de contraster avec les établissemens que reclament la situation & les besoins de Paris, ne peuvent qu'en acquérir plus de solidité, & se légitimer en quelque sorte par leur application au bien effectif de la société.

Et puis, telle est la loi impérieuse de l'intérêt public, que toutes considérations particulieres doivent disparoître devant lui, lorsqu'elles le croisent ou tendent à le sacrifier à l'avantage d'un petit nombre de privilégiés.

Mais les vues de la municipalité de Paris, la forme de son administration, la distribution des quartiers, la police & les fonctions attribuées à ses Officiers n'ont rien qui s'oppose aux assemblées que nous conseillons. Il suffit de faire quelques changemens, de rendre électifs des pouvoirs qui sont devenus héréditaires & vénaux, & d'attribuer au plus grand nombre possible de domiciliés, l'exercice des droits qui leur conviennent.

Pourroit-on penser en effet qu'une municipalité aussi concentrée, aussi limitée, & à laquelle un si petit nombre de particuliers peuvent avoir l'espoir de parvenir, fût suffisamment étendue, suffisamment populaire, assez nombreuse, & pour représenter perpétuellement la Commune de cette grande Ville, & pour attacher les Citoyens à la chose publique, par l'exercice des droits dont leur état les rend capables ?

En conservant donc au corps municipal ses fonctions, ses droits & ses privileges, ne pourroit-on pas les étendre, les modifier de maniere qu'ils devinssent constitutionnels, d'un plus facile accès & plus généralement utiles aux habitans de Paris. Il suffiroit, pour remplir ces vues, d'assujétir régulierement les quattiers à des assemblées du plus grand nombre possible d'habitans, de charger, pour la premiere fois, de la police & de la direction de ces assemblées les Quarteniers, & sous eux les Cinquanteniers & Dixainiers de l'Hôtel-de-Ville. Ce plan est déja tracé dans l'excellent réquisitoire de M. le Procureur du Roi de la Ville. Mais il faudroit ensuite substituer des Représentans électifs à ces Officiers qui l'étoient eux-mêmes autrefois ; car, comme dit M. d'*Argenson*, un Officier du Roi représentant la municipalité, est une chose monstrueuse, il ne représente ni le Roi, ni le Peuple ; ce n'est rien. (*Du Gouvernement de la France.*)

Mais outre ces motifs de convenance & de facile exécution, cent autres prouvent qu'il est d'une utilité, pour ne pas dire d'une nécessité absolue, de former des assemblées de quartiers à Paris, qui soient en quelque sorte l'extension de la municipalité actuelle, une représentation perpétuelle des habitans domiciliés de cette grande Ville, & un moyen toujours subsistant de secourir les pauvres, distribuer des secours aux indigens, protéger les foibles & donner à tout un peuple une liaison politique, un véritable esprit de bien public, qu'il n'a pas aujourd'hui.

1°. L'impôt de la Capitation, cet impôt si arbitrairement & si inégalement distribué, que souvent un homme aisé n'en paie que le dixieme d'un moins fortuné que lui, cet impôt auquel l'avarice ou la mauvaise foi trouvent moyen de se soustraire aux dépens des autres citoyens, la Capitation, ou plutôt sa répartition équitable & les voies pour y parvenir d'une façon douce & sûre, sont seules des raisons puissantes qui sollicitent en faveur d'Assemblées de Quartiers, dont les Commissions intermédiaires seroient composées d'hommes instruits des détails locaux, de la richesse & des ressources de chaque particulier, & qui jouissant de la confiance du grand nombre, pourroient travailler avec fruit à établir les loix de la justice & de l'égalité dans cette partie de l'administration fiscale.

Le motif qui a engagé le Roi à former de semblables Corps dans les Communautés de Province est absolument le même que nous invoquons ici; & si l'on n'a pas cru qu'une administration d'Intendance pût apprécier avec assez de justice & de justesse les facultés des Contribuables pour répartir les impôts également entr'eux, comment pourroit-on croire que le Bureau de la Ville pût seul s'acquitter de cette tâche sans injustice envers les particuliers, sans perte pour le Trésor de l'Etat? Ce que nous disons de la Capitation, dites-le des Vingtiemes, dites-le de toutes les Charges Bourgeoises qu'un Corps de Domiciliés seul peut connoître, apprécier & distribuer impartialement.

2°. La mendicité est un fléau, c'est un malheur public qui naît souvent de la rigueur des tems, de l'inconduite du Peuple, de son imbécillité, quelquefois même des mauvaises opérations ministérielles. Attaquée dans ses racines, dans son principe, la mendicité offre un moyen de remède, on peut en arrêter les progrès. Mais une fois qu'elle a pris du volume) qu'on me passe cette expression), qu'elle s'est étendue, que sous de hideux vêtemens un peuple de malheureux s'écoule de tous les quartiers de la Ville & vient assiéger la porte des Etablissemens de charité, que l'inquiétude, le désordre, ajoutent encore à l'indigence populaire : alors on ne peut en ralentir la marche que par des voies ruineuses, ou l'emploi d'une rigueur aussi odieuse par les atteintes qu'elle porte à la liberté civile, que par la turpitude des Agens dont on se sert pour l'exercer. Des Assemblées Populaires, ou leurs Commissions intermédiaires, pourvoiroient à cela, arrêteroient le mal dans sa source, donneroient des secours dans un tems où ils peuvent être efficaces, quoique foibles ; & cette attention d'hommes inftruits & zélés, repétée dans tous les points de la furface de la Ville, préviendroient bien des maux, que ni l'abondance des aumônes trop partialement ou légérement diftribuées, ni les charités de quelques Compagnies ifolées, ni la bienfaifance particulière, ne peuvent, & ne pourront, peut-être, jamais prévenir.

La vigilance, l'humanité chrétienne de quelques Pafteurs, dont nous venons d'avoir un fi bel exemple dans M. *des Bois de Rochefort*, peuvent, à la vérité, fuppléer en partie au défaut de ces Affemblées ; mais combien leur zèle recevroit de foulagement par elles ? combien de moyens leur fourniroient ces Compagnies, dont ils feroient Membres nés, fi elles joignoient leurs lumieres, leurs reffources, leurs travaux à ceux des Paroiffes, & fi, comme on a lieu de le croire, les unes & les autres fe réuniffoient réunissoient dans la vue du bien public.

3°. La prostitution n'est pas seulement un scandale public, c'est encore un fléau tenant de bien près à la mendicité, & qui dévoue annuellement à la misere, à l'opprobre, à la stérilité, une foule de jeunes femmes, qui, douées, presque toutes, des graces de leur sexe, auroient été des meres fécondes, des citoyennes respectables, sans l'ignominie de leur misérable existence. Ce malheur étend ses ravages tous les jours, & le nombre des prostituées se multiplie d'une manière effrayante.

La plupart sont de pauvres ouvrieres que le défaut d'ouvrage plonge dans la misere : d'autres, des domestiques que l'incontinence brutale de leurs maîtres a séduites pour les livrer ensuite à tous les maux d'une conduite égarée ; quelques unes, des enfans que le despotisme

B.

paternel, la tyrannie domeſtique précipite dans des démarches forcées, dont le terme eſt communément la plus déplorable proſtitution : toutes ne viennent pas de Paris, mais toutes s'y rendent, parce que les Provinces, qui n'offrent pas moins que la Capitale des exemples de vices, ont de plus un hypocrite intolérantiſme, qui ôte aux coupables tout eſpoir de retour, & les oblige à venir loin de leurs foyers traîner une vie honteuſe & déſeſpérée.

Nos rues ſont pleines de ces malheureuſes. Quelque ſoit leur aviliſſement cependant, quelque ſoit l'ignominie dont elles ſont couvertes, elles n'en ont pas moins des droits à notre commiſération, & les châtimens, qui peuvent bien contenir quelques individus, ne peuvent point tarir la ſource d'un ſi grand mal.

Eſt-ce une police rapide, & que partagent des hommes fouvent peu éclairés, peu humains, qui trouvera des moyens sûrs, doux & refpectables pour y parvenir ? Que peuvent des enlèvemens, des punitions arbitraires, des traitemens qui ajoutent à la turpitude de ces malheureufes tous les caracteres du plus ftupide des abrutiffemens ? Ne fouffre-t-on pas de voir vingt mille femmes, coupables à la vérité, mais coupables par mifere, par inconduite, par légéreté, livrées à tous les écarts d'une burocratie aveugle ?

Des Affemblées de Citoyens raifonnables, juftes, éclairés, pourroient feules, en multipliant les fecours, les foins, l'attention, la vigilance paternelle, les actes de philantropie, diminuer l'intenfité de ce fléau, fouftraire tant de jeunes femmes à la mifere, à la honte, à l'opprobre, les rendre à l'Etat & à leurs familles. Et s'il étoit vrai que la proftitution fût inévitable dans des Etats où

B 2

la loi commande le célibat, où le luxe & la pauvreté l'encouragent, ces mêmes Assemblées pourroient seules juger si l'établissement de *parthenions* ne seroit point préférable à cette équivoque maniere de tolérer, & proscrire tour-à-tour un mal que l'on dit nécessaire.

4°. Une autre cause de désordres publics & qui prend encore sa source dans la misere, dans la dégradation populaire c'est le libertinage, le vagabonage, l'inconduite d'une foule d'individus, que l'oisiveté, la paresse, la négligence, menent à des excès qui portent souvent atteinte à la tranquillité, à la propriété des citoyens. Quels moyens a-t-on adoptés pour y réussir? ceux que la précipitation, le plus court & non pas le meilleur chemin, ont indiqués. La Cour des Aides s'en plaignoit en 1770, lorsqu'elle disoit qu'on enferme à Bicêtre quantité de jeunes gens qui y vivent dans la plus dépravante société,

& qui, en sortant enrôlés dans des troupes de brigands, sont infiniment plus dangereux après, qu'ils ne l'étoient avant que d'être renfermés.

Les Assemblées de Quartiers instruites du besoin, de l'état des familles, des abus locaux, des ressources de leurs districts, pourroient éviter à la Police des démarches souvent inconsidérées, aux citoyens des corrections infamantes, au Public du trouble, de l'inquiétude, & diminuer considérablement les progrès du vagabonage & des désordres de la derniere classe du Peuple.

L'on ne peut prévoir tout le bien qu'opéreroit, dans une grande Ville, l'action toujours constante de ces Assemblées dirigées vers l'intérêt public. Ne dût-il qu'en résulter plus de caractere dans le Peuple, des vues plus dignes d'hommes citoyens, une conduite plus respectable, & la diminution de son anéantissement, de sa nullité politique, ce seroit déjà un grand pas de fait vers la perfection & la régénération que le Roi désire de faire éprouver à la Nation.

C'est donc seconder les vues bienfaisantes & vraiment patriotes de Sa Majesté, que d'établir des Assemblées perpétuelles de Quartiers à Paris, c'est étendre à la Capitale le bien qu'il a fait aux Provinces, c'est rapprocher le Peuple de sa Personne, rapprochement qui ne peut faire que la gloire de son règne, comme tout prouve qu'il est le vœu de son cœur.

5°. Enfin ces Comices de Quartiers représenteroient la Commune, toutes les fois qu'il seroit question de choisir les Electeurs des Députés aux Etats-Généraux, fonctions qu'ils seroient en état de remplir en bien plus grande connoissance de cause, que lorsqu'ils sont composés à la hâte d'hommes habituellement étrangers à la chose publique & saisissant à peine l'objet pour lequel ils sont réunis.

Cette derniere raison pourroit seule déterminer le suffrage public en faveur de ces Etablissemens, surtout si l'on pense sérieusement à obtenir de la justice du Roi la tenue périodique & rapprochée des Etats-Généraux.

Quant à la marche pour y procéder, elle est simple, & leur organisation se trouve indiquée dans la *Consultation pour les Habitans de Paris*, & développée en grande partie dans le *Réquisitoire* du Procureur du Roi. On pourroit donc

1°. Diviser Paris en un certain nombre de Quartiers, si l'on ne vouloit point conserver la division qui existe, quoiqu'elle pût remplir assez complettement l'objet.

B 4

2°. Autoriser les Habitans domiciliés majeurs de vingt-cinq ans, & payant au moins 3 liv. de Capitation, à se réunir dans un lieu indiqué, une Eglise par exemple, & là 1°. élire des Représentans des Quartiers sur le modele des Quarteniers de l'Hôtel-de-Ville, que l'on leur associeroit, jusqu'à ce que ces derniers soient éteints ou rendus électifs, comme ils l'étoient autrefois; 2°. dire, proposer, discuter tels objets, matieres, sujets, plans, projets qu'ils jugeroient à propos; 3°. se faire rendre compte des objets qui regardent l'Administration publique, la police, la sûreté & le bon ordre du quartier, & cela afin d'instruire le peuple des affaires, le mettre à même de discuter ses intérêts, & de sortir de l'abrutissement où le réduit sa nullité politique.

3°. Rendre ces assemblées de quartiers semestrales, c'est-à-dire qu'elles auroient lieu tous les six mois, & que dans l'intervalle elles seroient représentées par des membres choisis au scrutin.

4°. Ces Représentans seroient pour chaque quartier au nombre de quatorze : & de plus deux Syndics & un Greffier, ayant tous voix délibérative.

5°. Ces mêmes Représentans composeroient la Commission intermédiaire, & la moitié sortiroit tous les six mois, excepté les Syndics & le Greffier, qui resteroient en charge un an, afin de suivre jusqu'au bout de l'année les affaires de la commission.

6°. A ce nombre, on pourroit joindre les Curés & Commissaires du quartier, ainsi que les Quarteniers, Cinquanteniers & Dixainiers de l'Hôtel-de-Ville, mais ils n'auroient point voix délibérative.

6°. Chaque membre électif de la commission intermédiaire recevroit un jetton de la valeur de vingt sous, chaque fois qu'il se trouveroit à l'assemblée qui auroit lieu une fois par semaine à jour fixé.

7°. Cette commission intermédiaire, ainsi composée des Représentans des domiciliés du quartier, recevroit tous les projets, demandes, plaintes en matiere d'impôt, de police, de charges publiques; & solliciteroit par ses Syndics auprès du Roi, des Magistrats, des Préposés de l'Administration, ce qui feroit l'objet des mémoires qui lui seroient remis.

8°. Les membres de la commission intermédiaire pourroient se trouver aux assemblées de l'Hôtel-de-Ville, excepté le Greffier, dont les fonctions ne s'étendroient qu'aux affaires particulieres du quartier : ce seroit donc deux cens cinquante-fix Repréfentans électifs qui auroient droit de partager la grande municipalité, & qui feroient vraiment les Repréfentans libres des Bourgeois.

9°. La Commiffion intermédiaire rendroit compte au Peuple dans l'Affemblée générale & femeftrale, de fes démarches, fuccès, projets & follicitudes; & lorfqu'on auroit befoin de quelques fonds pour remplir un objet d'utilité publique & de bienfaifance, la Commiffion intermédiaire pourroit alors propofer une contribution purement volontaire de la part des Citoyens raffemblés, & chacun dépoferoit dans une boîte à ce deftinée, ce que ces facultés lui permettroient, fans être tenu de le faire connoître.

On pourroit peut-être objecter ici qu'il feroit impoffible, dans les Affemblées générales, d'établir un ordre affez respecté pour que l'on pût s'entendre & terminer quelque chose. Mais d'abord je réponds à cela qu'une Assemblée de six cens ou sept cens hommes âgés de plus de vingt-cinq ans, dans une église, ne forme point une cohue ; secondement qu'un des premiers actes de cette Assemblée seroit d'élire un Président qui rappelleroit *à l'ordre*, auroit soin d'assurer à chaque convoqué le temps de parler s'il le demandoit, & de faire recueillir les suffrages au scrutin ou de vive voix ; troisiémement que cette Assemblée dureroit au moins huit jours, & qu'il ne faut pas tant de temps pour dire son opinion, ou donner une commission à ses Représentans.

D'ailleurs cette crainte de cohue n'est qu'une chimere, un mauvais prétexte, une sottise ; on ne peut pas faire à la vérité agir ensemblement six cens personnes égales, mais elles peuvent écouter &

nommer des Repréſentans qui agiſſent pour elles; & c'eſt l'objet que remplit un Comité ou une Commiſſion intermédiaire.

Telles ſont les idées que les circonſtances ont fait naître à grand nombre d'habitans de Paris : nous ne ſommas ici que leur écho ; nous ne faiſons que conſigner ſur le papier ce qui forme le ſujet de toutes les converſations. Le moment eſt venu où tout le monde doit prendre part à la choſe publique ; le Roi y invite, le bien général le demande, & chacun doit être parfaitement libre de dire ſon opinion dans cette matiere.

Au reſte nous ne préſentons qu'une eſquiſſe très-imparfaite d'un projet qui ne peut recevoir ſa perfection que de ceux mêmes auxquels il eſt deſtiné. C'eſt au Public, c'eſt aux Citoyens de tous les Ordres à développer ce qu'on ne peut qu'ébaucher ici, & sur-tout à ne point perdre de vue qu'il est dans l'état des Nations, des momens de lumiere, de patriotisme, qu'on ne doit point négliger quand on désire le bien public & la liberté de son pays.

FIN.

www.ingramcontent.com/pod-product-compliance
Lightning Source LLC
Chambersburg PA
CBHW060914050426
42453CB00010B/1727